경로당 사람들 시/산문집

조롱박

_삶은 사랑이어라

조롱박

초판 1쇄 인쇄 | 2025년 03월 07일
지은이 | 천기웅 외 22인
펴낸이 | 이재욱(필명:이승훈)
펴낸곳 | 해드림출판사
주　소 | 서울 영등포구 경인로82길 3-4(문래동1가 39)
센터플러스빌딩 1004호(우편07371)
전 화 | 02-2612-5552
팩 스 | 02-2688-5568
E-mail | jlee5059@hanmail.net

등록번호　제2013-000076
등록일자　2008년 9월 29일

ISBN　979-11-5634-621-0

조롱박

경로당 사람들 시/산문집

- 삶은 사랑이어라

해드림출판사

Prologue

"조롱박"은 경로당 사람들 23인이 쓴 132편의 시·산문들로 조롱박처럼 소박하게 살아가는 경로당 사람들의 이야기입니다.

가난을 숙명처럼 살아온 산업화시대 서민들의 한이 맺힌 이야기를 시와 산문으로 표현하였습니다.

가슴속에 응어리로 쌓여있는 아픔과 그리움 그리고 지난날의 아름다운 사연들이 샘물처럼 솟아나온 슬픔의 노래이기도 합니다.

전쟁의 비극과 상처 이민의 역사가 있고 가난에 몸부림치던 아픔도 있습니다.

그러면서도 주어진 운명에 순응하면서 열심히 살아가는 인생 2막 주인공들의 모습에서 웃음과 해학과 풍자를 발견할 수 있습니다.

이 어르신들의 시와 산문들이 오늘을 살아가는 모든 세대의 사람들에게 공감과 소통의 작은 울림이 된다면 더 바랄 나위가 없습니다.

2025년 3월

갈매4 경로당 회장 천기웅

차례

시

산문

시

천기웅

바람의 유혹 외 20편

바람의 유혹

나는 바람을 좋아한다
바람은 보이지도 않고
있다가도 없고 없다가도 있다
바람은 허공에서 춤추고 노래 부르며
다양한 형태로 다가온다

바람은 끊임없이 나를 유혹한다
미풍으로 다가와 위로하기도 하고
매서운 강풍으로 시험하기도 한다
때론 머물다 가며 아쉬운 여운을 남긴다
할 말 다 안 하고 가는 바람의 매력이여!

바람은 나의 역동적인 삶이다
도전과 변화를 만들어 주는 원동력이다
바람 없는 삶은 무미건조하다
나도 바람처럼 살아가며
아름다운 삶의 여운을 남기고 싶다

개미

걸어가다가 잠시 멈춘다
땅 위로 무수한 생명이 움직인다
잘 보이지도 않는 그들

언제 밟혀 죽을지도 모른다
참으로 삶을 사랑하는 모습들
미움도 원망도 없어 보인다

나는 개미처럼 살고 있는가?
잠시라도 조심조심 걸어본다
그리곤 오늘도 죄인이 된다

갈매천을 걷는다

수많은 사람이 오간다
할머니 할아버지 아들 손주들
함께 걸으며 이야기꽃을 피운다

반려견들도 지나간다
형형색색의 엄마 새끼 강아지들이다
걷고 뛰고 장난질한다

새들도 쉬어간다
청둥오리와 백로도 먹이를 찾고
산새들도 물 한 모금 머금고 간다

장마지면 개구리 맹꽁이 울고
오늘 밤은 갈매천 위 초승달도 유난하네
혼자된 발걸음이 가을처럼 쓸쓸하다

경로당 사람들

오늘도 아침을 살살 걸어간다
즐거움이 있고 웃음이 있는 곳
서로 눈인사와 악수를 나눈다

또 만남의 하루를 감사한다
허리는 휘고 뒤뚱뒤뚱 걷지만
마음만은 아직 청춘이다

노래 교실서 실력을 뽐내 본다
박장대소 깔깔대고 웃어댄다
늘어난 약봉지에 심신은 지쳐도

다들 오늘을 열심히 살아간다
다가오는 생사의 경계선도
못 본 척 의연하게 받아들인다

천사가 된 아내

설날 며칠 앞두고
아내가 떠났어요

긴 세월 병마와 싸우다
힘들게 떠났어요

자연의 모든 생명을 사랑했던
그녀였어요

손잡고 걷던 산마루 공원길은
이제 슬픈 추억이 되었어요

그 길 혼자 걸을 때마다
눈물이 자꾸 납니다

천사가 된 아내가
슬픈 미소로 나를 보고 있네요

요양병원

긴 복도 난간 손잡이
온몸 버텨 두 손 잡고
비틀비틀 걸어간다

주름진 얼굴 근심 가득
넘어질 듯 흔들흔들
걸음걸음 십 리길인데

부축하는 할머니는
체념인 듯 포기인 듯
무념무상 얼굴 표정

너랑 나랑

너랑 나랑 처음 만난 곳은
남한강 북한강이 함께 만나는
양수리 두물머리

꽃이 만발한 봄날에 만나
연꽃길 손잡고 걸으면서
사랑 나누던 생각 나네요

멀리 검단산 예봉산이
날개처럼 강물을 둘러싸고
우리 사랑은 팔당호가 되었지요

긴 긴 50년 세월 흐르고
당신은 더 이상 보이지 않지만
내 가슴에 당신은 연꽃으로 남아 있어요

꿈에라도

오늘도 꿈을 꾼다
과거로의 여행이다
미래로 여행도 간다

등장인물도 아는 사람
멜로 드라마도 있고
스릴러도 있다

대부분 내가 주인공이다
옛 동료도 전우도 등장한다
그러나 여주인공은 안 보인다

인구 수입

연애도 안 하고
결혼도 안 하고
아이도 안 낳고

경제도 걱정이고
나라도 걱정이고
미래도 걱정이다

인구도 계속 줄고
노인은 계속 늘고
인구도 수입 하자

더위의 공포

덥다 정말 덥다
삼라만상이
다 덥다

지구가
타고 있다
더워서 못 살겠다

모두 모두
땅속 산속 물속으로
들어가 숨어 살자

무궁화 동산에서

동산에 올라가면
산새들 노래하고
풀꽃들 향기 내어 반긴다

고목이 된 밤나무는
새잎이 돋아나고
정승 같은 소나무는
아름드리 자태를 뽐낸다

하늘엔 뭉게구름 높이 떠있고
바람은 자유롭게 그림을 그린다
나는 한 마리 새가 되어
바람을 도와준다

엄마와 고추잠자리

사우나 폭염처럼 뜨거운 한낮에
아들과 함께 간 포천 엄마 산소
폭우로 상처 난 잔디와 물고랑들

세월 흘러도 그리움은 더하는데
고추잠자리 한 마리가 날아와
묘소 위에서 가질 않고 맴도네

엄마가 보낸 건가 아내의 전령인가
큰절하고 발길 돌려 떠나는데
잘 가라고 윙윙윙 또 오라고 윙윙윙

정치야

정치야
어제도 싸우고
오늘도 싸우냐?
정쟁은 그만하고
정치 좀 하거라

정치야
듣기도 싫고
보기도 싫다
물고 뜯고 그만하고
협치 좀 하거라

정치야
민생은 어디 가고
안정은 어디 갔나
국민도 안 보이나
정치논쟁 그만하고
경제 좀 살려내라

그대 떠난 뒤

그대 떠난 뒤
기쁨도 슬픔도
의미가 없어졌어요
그냥 눈물만 나네요

그대 떠난 뒤
달도 별도
빛을 잃었어요
쓸쓸한 바람만 부네요

그대 떠난 뒤
먼 산 하늘 보고
한숨만 쉬네요
너무 힘들고 보고 싶네요

가습 청정기

아내 때문에
마련한
가습 청정기가

아내는 떠났는데도
멈추지 않고
계속 돌아간다

하늘에는
가습 청정기가
필요 없겠지

직무유기

지구야 미안하다

모두가 직무유기

유엔도 직무유기

국가도 직무유기

단체도 직무유기

가정도 직무유기

개인도 직무유기

지구가 걱정이다

홀아비

갑자기 홀아비 신세
날씨가 덥기도 하고

입고 벗고 귀찮아서
발가 벗고 다녀본다

거기 누구 없나요?
이방 저방 아무도 없다

국민이 졸인가?

말로만 민생 국익

행동은 정쟁 사익

매일매일 말싸움질

국민이 졸인가?

미래가 안 보인다

정치야 정신차려!

세탁기

세탁기에 때 묻은 옷가지들을 넣는다
잠바 바지 티셔츠 등 철 지난 옷들이다

내 옷들이고 아내 옷은 하나도 없다
옷들을 넣으면서도 자꾸 눈물이 난다

옷장 안에서 아내 옷 하나를 꺼낸다
자주 즐겨 입던 빨간색 예쁜 점퍼다

세탁기에 넣고 옷들을 함께 돌린다
내 눈물도 흐르면서 함께 돌아 간다

하늘나라 세탁기엔 당신 옷만 넣겠지
당신 떠날 때 내 옷 하나 넣을 걸 그랬다

슬프게 하는 것들

멀리서 혼자 살고 있는
친한 친구의 사망 소식이
나를 슬프게 한다

통증에 시달리며 누워있는
동생의 슬픈 절망감이
나를 아프게 한다

아내와 손잡고 걷던 그 길을
혼자가 되어 걸어갈 때
저절로 눈물이 쏟아진다

가을을 남기고 떨어지는
낙엽들의 모습에서
세월의 쓸쓸함이 느껴진다

탄생 이전으로 되돌아가는

삼라만상의 모든 생명체가 왜 이리 아픔으로 다가올까?

눈물

밤이 새도록 하얀 눈이 내렸어요
아내의 묘소위에 두꺼운 이불이
덮혔어요

찬바람 부는 한겨울에도
땅속의 아내가 따뜻했으면
좋겠어요

햇살에 방울방울 눈이 녹아요
비석사이로 눈물되어
흐르네요

눈도 울고 내 마음도 울고
가슴속 그리움이 너무
아프네요

김종애

애절한 사랑 외 15편

애절한 사랑

별빛 아래서
밤마다 하이얀 꽃으로 피어나고
아침되면
꽃잎 살짝 입다물은
조롱박의 아름다움.

실오라기 같은
끈에
애절하게
매달린 한 쌍의 조롱박
이루지 못한 여인의
사랑이
조롱박으로 환생한 듯……

망초꽃

갈매천 산책길에
자주 만나는 망초꽃
가느다란 줄기 위에
다소곳이 핀 흰 꽃송이

궂은 자리 가리지 않고
누가 가꾸지 않아도
쑥쑥 잘 자라
꽃을 피운다

밤에 보는 그 모습은
별빛 쏟아지는 메밀꽃밭을 연상케 한다
예쁘고 사랑스러운 이 꽃을
누가 망초꽃이라 이름 지었나?

우짜고 갈라카노

여보!
그동안 고맙고
미안하다
니 때문에
지금까지 살아온 거
내 다 안다

그라믄
지난 40년 동안
머리 깎아 주고
염색해 준 거
우짜고
갈라카노

해바라기

담장 너머로
빼꼼히 내민
수줍은 소녀 얼굴

너는
어쩌면 군살 하나 없이
평생동안 하늘만 쳐다보니

오직
하나만을
짝사랑하는 너

둥근 볼 연초록 이파리가
바람에 휘날릴 때
더 소녀 같은 어여쁜 너

고향 집

세 동강으로 부서진 고향 집
사알짝 훔쳐 넘겨다 보니
용케도 버티고 선
기와 얹힌 흙담 하나

그 담 밑에는
봉숭아 분꽃 해당화 곱게 피고
개똥벌레 눈에 붙여
뛰놀던 조무래기들 그립다

더벅머리 머슴아 휘파람 소리
앞동산 층계바위엔 그리움 머물고
고향 집 하늘 위엔
별 빛만 촘촘하다

나무 위로 도망간 조롱박

우리 막냇딸 보다도
더 사랑스럽고 귀여운 조롱박
땅콩같이 생긴 연녹색 조롱박이

나무 꼭대기로 다 도망갔네
한 개가 눈에 띄더니
수줍은 듯 나무 위로 숨어

주렁주렁 열렸네
누가 몰래 따갈까 봐
나무 위에 조롱조롱 열렸네

박꽃

작은 정원에 달빛 내려오면
초가지붕 위는 눈이 내린 듯
하얗게 핀 박꽃들

부드러운 잎사귀
청순미와 가련미에
단아함까지 보이네

가느다란 끈 끝에
긴 긴 밤을 매달린 채
기다림을 준비하네

밤만 되면 하얀 한복 곱게 입고
누굴 기다리는지
박은 소박한 여인이 된다

조롱박 선물

뜨거운 여름 햇살 받아
80개보다 더 많이
줄기마다 열렸으니
선물이고 축복이네

온 정원이 조롱박
죽은 나무가 환생하듯
쌍둥이 형제자매로
조롱조롱 열렸구나

쌀가루로 빚어도
더 예쁘겐 못 만들지
하루종일 봐도 봐도
너무 이쁜 너!

엄마

희미한 호롱불 아래
밤늦은 시간까지
때때옷 곱게 지어주시던
우리 엄마

만들어 주신 예쁜 옷 입고
대청마루 왔다 갔다
뽐내고 자랑하던
철부지 둘째딸

흐뭇한 미소로 쳐다보며
항상 자식 사랑 지극했고
구순 나이 세상 뜨니
보고 싶다 우리 엄마

밭에서 자란 마음

비 온뒤 농부가
들에 나가는 마음으로
텃밭에 나가
물고랑을 판다

계절 따라 씨 뿌려 가꾸며
수확의 기쁨을 만끽한다
상추와 고추 오이가
반가운 미소를 보낸다

대박 터진 옆집 조롱박이
감사 박수를 보낸다
흐뭇함이 짜릿하다
밭에서 자란 마음이여!

어린 시절

눈을 감으면
놀던 앞동산
훤히 보이네

가보면 그 모습
오간 데 없고
추억만 아프네

깔깔대던
친구들 모습
희미한 영상 되어

걸어가는 인생길
그림자로 되어 있네
그립다 그 어린 시절

개구리 추억

내 고향 논두렁길 옆
웅덩이 하나
개구리들 서식지

웅덩이 주변서
이리 뛰고 저리 뛰고
술래잡기

나는 술래 개구리들은 숨는다
그 어린 시절로
동심(童心)이 달려간다

순간의 삶

나는 내일에
희망을 걸지 않겠다

오늘을 사는 것만으로도
너무나 벅차다

이 순간만 생각하면서
하루살이처럼 살아갈 뿐이다

오늘도 최선을 다해
살 수밖에 없다

걸어가는 삶이 운명처럼
무겁게 느껴진다

망각 속에서도

이쪽으로 누워도 아프고
저쪽으로 누워도 아프다

온몸이 다 아프니까
당신이 생각난다

앞만 보고 살았던 지난날들
뒤돌아보니 모두 허상이었고

어둠의 시간 속에서도
떠오르는 얼굴은 오직 당신뿐

난

단아하고
기품있는 자세

서로 엉키지도 않고
힘있게 뻗은 잎

붓자루를 세우고
그침 없이 그려본다

은은한 난향
찻잔에 담아보니

그대가 보인다
그리움이 달려간다

텃밭 사랑

아침에 만나보고
저녁에 또 만나도
한결같이 반겨주는 너

한나절 보고 있어도
가라는 말 안 하고
제마다 자기 자랑 꽃을 피우네

팔순의 할매 맘
빼앗아 간 너
텃밭은 나의 고향 영원한 친구

김민자

큰바위 외 11편

큰 바위

세상에 다시 태어난다면
먼 산꼭대기에
구름을 이고 있는
큰 바위가 되고 싶다

모진 비바람에도
끄떡없는 바위
누군가 와서 사랑의 표시로
이름 쓰고 하트를 그려도 좋다
희로애락 같이하고
천년이 흘러도 변함없는
누구나 와서 기댈 수 있는 그런 큰 바위

국군의 날

행렬하는 육해공군들
자로 잰 듯 반듯하고
보무당당함은 자신감이 넘치네

하늘에는 형형색색 포물선
블랙 이글스 비행하고
빌딩 숲 사이 헬기들은 묘기를 자랑하네

최신 무기들의 자랑스러운 시가행진
벅찬 감동이 가슴으로 밀려와
눈물이 절로 흐르네

아! 나의 사랑 국군 용사들이여!
나의 조국 대한민국이여!
대한민국 만만세!

마음

몸 구석구석에 바람이 들어오고
여기저기 구멍이 났나 보다

휘청거리는 몸을 억지로
꿋꿋이 세워 본다

곁에 있는 사람을
기쁘게 해 줄 시간은 짧아만 간다

미소를 한 모금 머금고
하염없이 그대를 쳐다 본다

보면 볼수록
마음이 아려온다

사랑과 배려

의견의 다름이
이견입니다

이견이 크게 다르면
다툼이 생길 수도 있지요

다툼이 심하면
화해가 필요합니다

화해는
사랑과 배려가 필수이지요

늘봄복지관은
언제나 봄입니다

아픈 추억

고통의 늪에 빠져
나오려고 몸부림 친다

안달 안달 나를 학대하면서
못 견디게 자학한다

오늘 밤도 어둠 속으로
온몸이 빨려들어 간다

귀에는 시계의 초침 소리만
째깍째깍 들리네

나리꽃

나리꽃 피는 곳에
참으로 오랜만에
와보네

발목까지 자라던
나리꽃 그새 이렇게 커서
내 키를 넘어섰네

오랜만에 찾아온 나
나리꽃이 머리 숙여
방긋하네

염증

이놈은 주인허락도 없이
몸속 깊이
불법 주차를 하고 있다

약도 주고 주사도 놓고
독한 항암제 주사를 해도
꿈쩍도 않는다카이

하기야 80을 넘게
살았으니
많이도 살았지라

그래!
우리 친구 하면서
조금 더 같이 살아보제이

동네 구릉산

백두산 천지가 아무리 좋다 해도
쉽게 갈 수 없는 곳

동네 어귀 구릉산은 마음만 먹으면
언제든 갈 수 있는 곳

밤나무숲이 초록 물결을 이루고
봄이면 철쭉 진달래가 붉게 물드는 곳

동백꽃 수국화 창포나무 사이사이
잘 다듬어진 산책길 걸으며

맑은 산소 심신을 힐링하니
너무 좋구나

나의 보석들

하늘이 내려준
영원한 내 사랑이
보석 둘을 남겼네

보석 하나는 나의 아들
보석 또 하나는 나의 딸이네
그는 그냥 간 것이 아니네

그는 떠나고 없어
그리움은 이따금 눈물 되지만
내 가슴은 두 보석으로 행복하네

인연

한 사람은 영남사람
한 사람은 호남사람

어휘력도 다르고
성격도 다 다른데

어찌하여 삶의 비행선에
함께 탑승했을까?

어차피 만날 인연이라면
행복 비행선으로 함께 가세나

가을의 상념

가을 하늘의 파란 구름 되어
이곳저곳을 여행 한다
앞으로 갈 때는 직진이라고
여겼는데 뒤돌아보면 굽이진 질곡의 길
연속이었네

조금 늦게 가더라도 올바른 삶에
가까워지도록 노력하고
순리에 맞게 살다 보면 행복한
미래도 보장될 것이다

뜨거웠던 여름 지나고 가을이 되니
지난날의 삶을 돌아보는 황혼의 가을
여인이 되어 오늘도 상념 속에 빠져든다

가을 소식

덥다 덥다 하여도
올여름같이 더울까?
화롯불같이 기승부리다가
세월 앞에 꼬리 내린 너

땀 내음으로 찌들고
몸은 천근만근 지치는데
가을바람
솔솔 불어오니

어느새 구룡산 자락에는
포도송이 알밤이 가득하고
내 마음도 송골송골
가을이 맺혔네

김광원

보훈병원 가는 길 외 7편

보훈병원 가는 길

용사가 늙어 자주 찾는 병원
가는 길은 멀기도 하네
걷고 20분 지하철 세 번 바꾸고

늦을세라 힘들게 도착하면
그래도 반갑기는 한데
사방은 북적북적 와글와글

여기 봐도 노인들
저기 봐도 환자들
내 차례는 언제 올까?

옻닭

옻닭 먹는 날이다
다들 맛있게 먹는데
옆 사람은 망설이며 못 먹고 있네

왜 그래! 먹어! 맛있어!
영양주사 맞는 것 보다
훨씬 좋아

좋다니까
옆 사람 이판사판
먹어 대네

인생길 가다 보면

굴곡진 길 따라
헐떡이며 살아왔소

파도를 헤쳐가며
바둥바둥 살아왔소

남은길 멀고 험해도
부딪히며 살아 갈 거요

가다 보면 좋은 친구
한사람 만나겠지요

40192 카페

포천 전망대 지구 한 바퀴 카페 이름
멀리 광활한 평원 속에 긴 협곡 보이고
협곡 아래 한탄강은 역사 속으로 흐른다

강 위의 하늘 다리와
3갈래의 출렁다리가 신비롭고
황혼의 노인은 과거가 된 시간을 돌아본다

모든 것은 흘러가건만
과거로의 시간 여행은 불가능하다
늦기 전에 그곳에 한 번 더 가야겠다

금값

어! 금값이 천정부지
금값이 금값이다
집에 뭐 없나?

백일반지
돌반지
손가락반지
목걸이

금반지는 고사하고
은반지 하나 없네 그려
그동안 뭐했노?

가을 여인

폭우 한방에 도망간 여름
꼬리 내린 너는 한동안
조용히 숨어 살겠지

신선한 바람 데리고
다가온 가을 여인이여
옷 단장 살짝 하고 마중 나간다

설레며 문턱에 서서
어떤 여인일까?
안절부절 궁금해 한다

토란국

토란이 나올 무렵
가을이 다가오고
추석은 코앞인데

내 마음은 보름달
둥근달 뜨면서
소원도 빌어보네

토란국 한 그릇에
당신을 쳐다보며
오늘도 잘 살았네

노인의 조건

눈도 침침해지고
코도 잘 막히고
귀도 어두워지고

입도 어눌해지고
다리도 시원찮고
마음도 약해지고

소변도 쫄쫄하고
힘들고 고달프고

그래도 열심히 산다

유순자

울 언니 외 7편

울 언니

아침부터 구석구석 청소를 한다
이방 저방 쓸고 닦고 땀을 흘린다
놀고 있는 나는 아랑곳도 하지 않고

밥상의 생선 가시 빼고 골라주고
화장품 미백 주름 개선 아이크림도
미련 없이 주는 울 언니

엄마가 동생에게 양보하란다고
좋은 옷도 예쁜 모자도
아낌없이 내어주는 울 언니

엄마 가시고 대신 엄마 해 주는
착하디 착한 울 언니
잠든 언니 쳐다보니 마음이 울컥하네

아픈 어깨

어깨가 안 올라간다
두 팔을 뒤로 잡고
위아래로 흔든다

철봉에 매달려
원숭이 흉내를 낸다

슐런 기록 200점을 향하여
아픔을 참고 힘주어 던진다

아이! 골인도 안 되고
어깨만 아프다

제대로 안 올라가는 어깨 때문에
마음까지 아프다

오늘도 맑음

산도 들도 나무도 꽃도
모두가 아름답다

내 두 다리가
힘차게 걷는다

지나가는 사람들이
웃으며 인사한다

태양이
함께 빛난다

희망의 속삭임들

밤새 내린 비로 촉촉해진 개천 길 따라
풀잎들이 고개 들고 합창을 한다
강아지풀 꽃술이 새초롬히 고개 흔들며
자기가 제일 예쁘다고 자랑한다

클로버꽃도 목을 빼고
아이들 손목시계 내가 만든다고 자랑한다
풀숲에서 막 잠을 깬 참새들이
짹짹짹 노래한다

물 위를 헤엄치는 오리 가족들도
꽥꽥 앞으로 소풍을 간다
아이는 아장아장 걷기 연습 한창이다
아! 모두들 희망차게 하루를 시작한다

토끼의 항변

걸핏하면 두 마리 토끼
잡으라는데

토끼하고 무슨 원수 졌다고
나만 잡으려하나

나 말고 다른 것도
좀 잡아라!

모두 떠나보낸다

아침마다 눈뜨면
사랑의 눈길로
보살피던 너희들

사계절 시들지 않고
꽃처럼 예쁜 잎 가진
아이비

1년에 한 번 무더기로
화려한 꽃 피우던
군자란
햇볕만 쬐면 좋아서
핑크색 꽃을 피우던
꽃기린

피부미용에 좋아
여성들이 좋아하는

알로에

사랑을 먹고 자란 너희들
이제 눈물로 모두
떠나보낸다

눈물이 왜 안나?

너무 슬퍼도
너무 기뻐도
눈물이 난다

나는 너무 슬퍼
눈물이
막 쏟아지는데

너는 왜 눈물이
한 방울도
안 나오냐?

저는 요 눈이 아파요
안구 건조증이라
눈물이 안 나와요

다람쥐

소리 없이 날렵하게
스키 타듯 재빠르게
자유롭게 달려가는 날쌘돌이

높은 나무 꼭대기를
좌우로 뛰어넘는 재주꾼

브라운색 줄무늬의
쓰다듬고 싶은 보드라운 고운 털

나에게 다람쥐라는 별명을 붙여준 아저씨
싫지 않은 별명이다

홍준식

술런에 빠지다 외 6편

슐린에 빠지다

슐린 퍽을 던질 때마다
주의력 집중력 뇌 활성화가 높아 진다
네 개의 구멍 속에 퍽이 들어갈 때마다
탄성과 환희가 몰려 온다

드디어 슐린 퍼즐이 완성된다
기립 박수와 감탄사가 터진다
치매도 멀어지는 참 신기한 게임이다

게임의 세계도 승부의 세계이다
연습을 통해 불가능이 가능으로 된다
승부의 욕망은 끝이 없다
퍼즐이 완성되어도 우리의 승부는 계속된다

이민 길

다섯 식구 열두 가방
친지 배웅 공항 이별

꿈과 희망
삼십 년 이민 생활

죽을힘 다해 이룬
절반의 꿈

조국 땅 다시 밟아
무거운 짐 다 내려놓으니

어느새 석양길
좁고 외진 그 길을
쉬엄쉬엄 걸어가누나

그리운 고향 땅

굽이굽이 흐르는
병천냇가 고기 잡던 시절

버들가지 꺾어 만들어
피리 불던 어린 시절

모기피해 도망쳐간
냇가 모래밭의 달빛추억

그 달빛 아래 외로이
동네 지키던 정자나무
다시 돌아갈 수 없는
그 시절 그리워라

아침마다 희망이다

앞창 너머 멀리에는 하남 검단산
뒤 창 너머 가까이에는 망우산 자락
자연은 섭리로 나를 포용하네

흰구름 사이로 떠오르는 태양은
오늘 일정을 서두르게 하고
준비하는 마음은 편안하고 즐겁다

친구들이 언제나 기다려주는 곳
늘봄복지관의 일상은
언제나 웃음과 즐거움이다

조용박

쉬었다 가오!

여보시오 나그네
뭐 그리 바쁘게 가오
기다리는 사람도 없는데
쉬엄쉬엄 쉬었다 가오

여보시오 나그네
대체 어디로 가는 중이오
가는 길만 있고 오는 길은 없는데
가는 길 서두르지 마오

여보시오 나그네
떠도는 구름 벗 삼아
어차피 가야 할 길인데
천천히 가오

자연의 섭리

오늘도 자연의 섭리는 변치 않아
밝은 태양은 온 세상을 비추며 떠오르고
그 지긋지긋한 더위와 습기는 가버렸다

맑은 하늘 시원한 공기의 선물 주신
자연의 섭리 앞에 겸허히
머리 숙여 감사한다

때로는 자연을 탓하고 원망도 하지만
4계절의 오묘한 조화는
자연의 섭리요! 분명한 신의 축복이다

슐런의 묘미

슐런게임에 빠지는 오후 시간이다
개인전과 단체전 추첨으로 순서를 정한다
모두가 1등 자기 팀 승리를 희망한다
동그란 퍽이 던져질 때마다 함성이 터진다

불가능한 것이 구멍 속으로 들어간다
퍽이 들어가면서 또 하나의 퍽을 구멍 속으로
밀어주면 슐런의 묘미는 절정이다
승리는 인간의 본능이다

숫자 계산에 밝아지고 즐기면서 치매가 예방된다
이보다 더 좋은 운동이 없다
나는 슐런을 즐긴다
즐기는 사람이 승리자다
다가오는 대회에서도 즐기리라!
그리고 승리하리라!

김정숙

고드름 추억 외 5편

고드름 추억

초가지붕 처마끝
길게 떨어지다 얼어붙은
긴 막대기 고드름들

어린 시절
손 시린 줄 모르고
친구들과 낄낄대며 놀던 추억

고드름 쥔 손바닥이 얼얼해도
달고나 뽑기보다 맛있게
따먹던 친구들

그리운 그 시절은
어디론가 간 곳 없고
친구들 다 보이지 않네

나의 쉼터 복지관

매일 나가기만 하면
나는 참 행복하다

무엇이 그리 행복하냐고
묻는다면

그곳에 가면
반가운 형님 아우 기다리고

이야기보따리에
노래 교실 슐런게임

맛있는 점심과 간식 시원한 비비박
치매 걸릴 걱정없고

그냥 즐겁고 행복하다

 조롱박

저녁노을

서산에 저녁노을
어쩌면 저리 고와

내 인생도 저녁노을
너를 닮아 너무 좋다

마음 맞는 친구들과
저녁노을 동행하니

발걸음도 가볍고
매일매일 행복이네

짧은 소풍

길고도 짧은 나의 세월아!
너는 늘 내 곁에만 머무는 줄
알았는데

뒤돌아보니 수많은 것들이
내 곁을 떠나갔네
곱디고운 내 청춘도 가고

사랑하던 사람들도 떠나갔네
지나간 세월 되돌릴 수 없고
추억만 가슴속에 아련하네

아! 나의 청춘이여! 세월이여!
후회 없이 살다가
훌훌 털고 떠나가리라!

일상의 즐거움

오늘도 아침에 일어나
손주 학교 보낸다

나도 몸단장하고
직장에 간다

발걸음도 가볍고
즐겁고 행복하다

조금 더 놀다 가자

어느새 80대 중반
얼굴은 주름투성이
그래도 내 인생 그동안 수고했어

바람처럼 세월지나
허리는 휘어져도
그래도 내 인생 그동안 잘 견뎠어

갈 길은 아직인데
다리는 뒤뚱뒤뚱
그래도 내 인생 더 갈 수 있어 힘내

남편은 손짓하고
자식은 붙잡네
그래도 내 인생 좀 더 놀다 가자

김종순

오이냉국 외 4편

오이냉국

오늘 점심은 무엇을 할까?
뒷밭에는 오이가 주렁주렁

오이 따다 오이냉국
얼음 둥둥 띄워서

밥 한 술 오이냉국에
시원키만 하구나

옥탑

단칸방 시절
한 여름밤 옥탑에

돗자리 깔고 하늘 보면
바닥은 따끈따끈

바람은 살랑살랑
깜박 잠이 들었네

할미꽃

고향 뒷산 할미꽃

젊어서도 할미꽃
늙어서도 할미꽃

젊어서도 고개 숙이고
늙어서도 고개 숙이는 너

언제나 예의 바르고
단정한 너의 모습
무덤가에 유난히 많던 너

세월 따라 보이지 않아
너무 보고 싶구나

해 지는 줄 모르고

하늘 아래 멀리는 불암산
가까이는 구릉산이 보이고
갈매동 스타힐스 아파트단지
아름다운 노인정 이야기다

입구는 꽃밭 정원이요
뒤뜰은 텃밭 정원이요
옆은 조롱박 정원이다
또 그 옆은 한 뼘 정원들이다

어르신들의 천국정원
노인들은 시를 낭독하고 노래 부른다
정원을 가꾸고 이야기꽃을 피운다
어느새 해가 지고 내일을 기다린다

아버지 생각

농사지을 땅도 없는
농부인 아버지는
지게 지고 먼 산 나무하러
가시는 게 일과였지

산에서 캐낸
약초와 산나물들을 모아
오일장에 가서 팔고
몇 푼의 돈을 벌곤 하셨지

막걸리도 한잔 하시고
학교서 오는 딸 손잡으며
사과도 사주시던 아버지
아버지 생각이 많이 납니다

임금자

감사 외 4편

감사

아침에 눈을 떠
햇살을 받으니 무한감사

몸이 여간 아파도
걸을 수 있어 감사

남을 배려할 수 있는
따뜻한 가슴이 있어 감사

오늘도 좋은 사람을 만나
하하 호호 웃을 일 많아 감사

늘 감사하는 마음 담고
살아갔으면……

함께라서

세월이 저만큼 흘러갔어도

늘 마음속에 남아 있는 추억들

그런 소중함이 있었기에

어제도 오늘도

마음과 마음이 이어져 가는 시간들

함께라서 고맙고

함께라서 즐겁고

함께라서 행복합니다

어머님 말씀

인생길에 내 마음에 꼭 맞는
사람이 어디 있으랴

난들 누구 마음에 그리 꼭 맞으랴
그러려니 하고 살자

내 귀에 들리는 말들
어찌 다 좋게만 들리랴

내 말도 때로는 남의 귀에 거슬리게
들리려니 그러려니 하고 살자

어머님 말씀 마음에 되새기며
매사에 감사로 그러려니 하고 살자

아름다운 세상

하늘이 아름다운 건
별이 있기 때문이요
땅이 아름다운 건
형형색색의 꽃이 있어서요

세상이 아름다운 건
사랑이 있기 때문이고요
삶이 즐거운 건
당신이 있기 때문이요

버팀목이 되어주신 당신은
나의 영원한 반려자입니다
붉게 타는 저녁노을
함께 해서 행복합니다

황혼의 여유

놀고 싶으면 놀고 자고 싶으면 자고
머물기 싫으면 떠나고 마음대로 할 수 있는 자유
복지관 벗님들과 술런도 하고 마음껏 떠들며 웃고
즐기는 이 여유!

늙음이 아니면 어찌 누릴 수 있으리요!
회한의 벼랑 끝에서 떼를 쓴들 돌아갈 수 있는 청
춘도 아닌데 예서 무얼 더 바라겠는가?

아! 석양의 황금빛이여! 황혼의 영광이여!
미련 없이 즐기며 살다 훌훌 털고 갑시다.

이 가을……
고운 빛깔로 익어가는 석류처럼
그런 황혼으로!

강동수

이겨 내리라! 외 1편

이겨 내리라!

떼어 내고 싶어도 떨어지지 않고
버리고 싶어도 잡히지 않는 너
보기 싫어 눈을 감아도

멀리 보내고 싶어 멀리 바라보아도
내 안에 먼저 자리 잡고 있는 너
결코 반길 수 없는 너는
나의 소리 없는 경쟁자다

나는 마음속에 후원자가 있어
너를 능히 이겨내리라!
패한 너는 어디로 갈 것인가?

자멸하여 이름조차 사라지거라!
나는 시각 회복을 위하여
오늘도 열심을 다한다

만병통치 광고 약

세상에 이런 약도 있나요?
기억력도 되살리고
눈과 귀도 밝아지고

무릎 관절도 좋아지고
전립선도 강해지고
수면장애 잠도 잘 오고

당뇨 고혈압 암도 예방하고
과잉 광고주 여러분
너무들 하시네요!

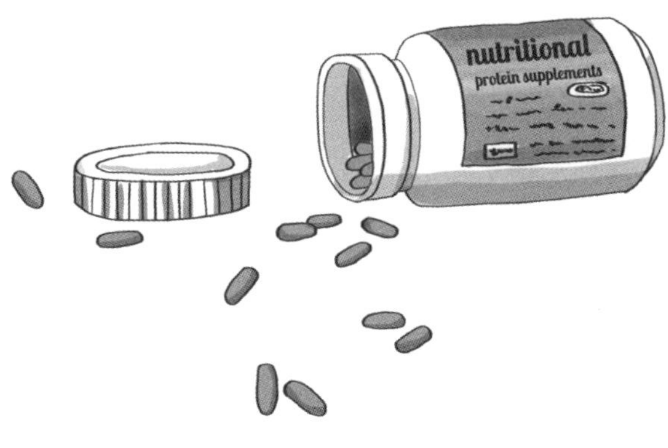
nutritional
protein supplements

김준제

효 나무 외 1편

효 나무

구릉산 자락길
말라죽은
밤나무 한그루

옆에 있는
어린 산벚나무 하나
감싸 안고 올라가네

산벚나무는
늙은 엄마 돌보는
효 나무

밤나무 길

마을 앞 구릉산은
온통 밤나무 천지다
이름하여 밤나무 산

산책길 걷다 보면
여기도 '뚝' 저기도 '뚝'
밤톨이 연신 떨어진다

지나가던 강아지
알밤 맞고
'깨갱' 성질을 낸다

밤 보따리 경로당에 내려
둘러앉아 먹으면
어르신들 저절로 웃음 가득

이희자

친구야 아프지 마 외 1편

친구야 아프지 마

친구야 아프지 마
왜 자꾸 자주 아프니
오늘도 안 보이니
병원에 또 가 있구나

친구야 아프지 마
늙는 것도 서러운데
그만 아파야지
힘내자 이겨내자

친구야 울지 마라
나도 너무 슬퍼진다
웃는 얼굴 환한 모습
너무 보고 싶구나

손주 사랑

이름은 김채민
나이는 6살
별명은 말썽꾸러기
갈매유치원에 다닌다

집 밖을 나서면
따라 잡을 수가 없다
맞벌이 부부 늦둥이로 태어나
세상 구경 늦었다고 막 돌아다닌다

나이 들어 할머니 되니
뒤 따라다니기 바쁘네
힘들어도 너무 좋다
한번 웃어주면 피로가 도망가니까

이학춘

산을 오르면

산을 오르면

한 움큼 땀방울 짜내며 꼭대기 올라보니
향기 가득 담은 고운 바람이
내 얼굴을 닦아주네

머리 위에 내려앉은 뭉게구름도 덩실덩실
춤을 추며 반갑다 인사하네

귀여운 다람쥐 녀석도 솔가지에 앉아
도토리 굴리며 재주를 보라하네
싸리꽃 억새 키큰산국 하늘하늘 춤을 추며
나를 반기네

고운 목소리 들어보라! 산새들 합창을 하네
어언 서산에 내려앉은 고운 해님 분홍빛
너울 쓰고 부끄러운 얼굴로 손짓하네

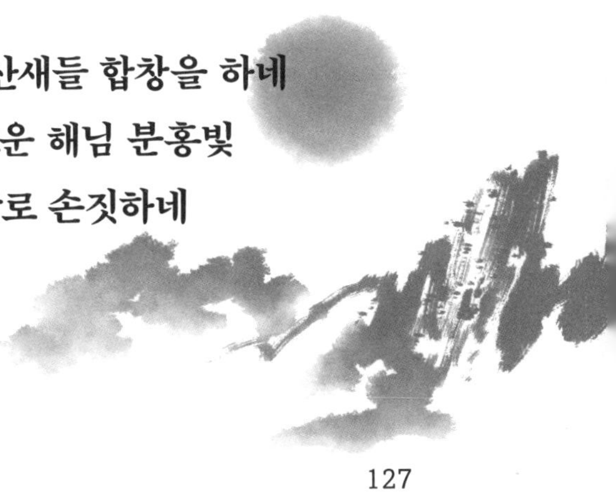

이춘자

그곳에 가고 싶다

그곳에 가고 싶다

밤이 되면
앞동산 멀리에서
고라니들 뛰노는 소리 들리고

뒷동산 언덕에는
이름 모를 산새들 모여
합창으로 노래 부르네

가까운 들판에는
형형색색의 꽃들이
향기를 뿜어내고

오솔길 한쪽에는
물망초가 잔뜩 피어
그리움을 노래한다

'나를 잊지마세요'

'나를 보러오세요'
그곳에 가고 싶다

조맹제

평생 직장

평생직장

오십 년이 훌쩍 넘는 직장 생활
내 젊음과 청춘을 불태운 그곳
그곳 떠나는 날 발길은 무거웠고

회사도 사장님도 동료들도 울었다
평생을 함께해도 좋다는 평생직장
이지만 나는 떠나야만 했다

제조업의 아주 크진 않지만 탄탄한 회사
우리들의 땀과 눈물과 도전으로 만든
나의 자랑스러운 평생직장이여!

우리들을 열정과 헌신으로 만들어 준 사장님
내 인생이 다시 지나간다면 나는 망설임
없이 다시 이 길을 택하리라!

최준삼

산 그리고 나의 삶

산 그리고 나의 삶

청춘 시절엔
설악산 대청봉 정봉산 한계령
울산바위 흔들바위를
놀이터처럼 오르내리고

중년엔
삼각산 백운대 도봉산 만장대를
뜻이 맞는 친구들과
수시로 산행을 즐기고

노년엔
동네 가까운 산자락길에서
사랑하는 아내와 함께
오손도손 대화하며 걷는다

홍성수

홍시

홍시

가을이면 불그스름 익어가는 홍시
세월 따라 익어가는 우리 인생 닮았네

비바람 견디며 상처 흠집 안 생기려
하루하루 얼마나 애를 썼을까?

점점 늙어가는 우리네 삶도
상처 없고 아픔 없이

아름답게 익어갔으면
얼마나 좋을까?

최병월

우이동 산행

우이동 산행

숲속 길 산행은 언제나 즐겁다

구순이 넘어 백세로 가는 길이다

산행 지팡이는 오늘도 필요없다

아직은 쓸만한 다리다

나도 놀라고 남들도 놀란다

산문

김민자

넥타이를 매지 않는 아들 외 8편

넥타이를 매지 않는 아들

아이가 걸음마를 막 시작할 무렵이다.

잘 걷지 못하여 뒤뚱뒤뚱 걷다가 넘어지고 걷는 것이 신기하여 동서남북 어디로 튈지 몰라 노심초사하며 아이 쫓아다니랴 길거리 장사하랴, 바쁘던 시절이다.

갓 시작한 노점은 장사도 서투른데 물건은 상하지 않을까 걱정도 많았다.

생각다 못해서 노점 옆 전봇대에 아이를 긴 줄로 묶기로 하였다. 아이 허리에 줄을 묶고 공을 하나 손에 쥐여주어 놀게 하였다. 그렇게 하니 곧잘 놀았다.

다소 안심이 되어 장사하는데 갑자기 아이가 울어대어 보니 공을 놓쳐서 바닥에 드러누워 울어대는 것이었다. 줄이 묶여 공을 잡지 못해서 줄을 풀어달라는 시늉을 하면서 엉엉 우는 것이었다.

매일매일 고비마다 이런 생활을 해 왔다. 때로는 아이를 부둥켜안고 통곡을 하면서 어려운 고비들을 헤

쳐왔다. 줄로 강아지처럼 오랜 기간 아이의 자유를 억제하며 살아온 세월이 눈물 난다.

아들은 잘 자라서 많은 사원을 거느린 중소기업 사장이 되었다.

고맙고 미안하다.

아들은 사장들 회의나 임원 회의 시 한 번도 넥타이나 벨트를 매지 않는다. 대표로 상을 받거나 어떤 모임에서도 몸을 묶는 어떤 것도 싫어한다. 오랜 시간이 지난 지금도 여전히……긴 트라우마의 세월!

아들아! 엄마 마음이 너무 아프다.

그리고 한없이 미안하다.

추억 여행

8월이 다 가는 날 부산행 열차에 무조건 몸을 실었다. 가슴이 터질 듯 행복감이 밀려왔다. 차창을 스치는 온갖 풍경들이 눈 속에 들어왔다가 나가고를 반복하면서 근 두 시간 반 만에 부산역에 도착하였다.

역에는 동생네 식구들이 나와서 반갑게 맞이하고 우리들은 무조건 자갈치시장으로 달려갔다.

자갈치시장의 명물인 산꼼장어 산아나고회를 민어회와 같이 푸짐하게 먹고 나니 너무 행복하다. 시간도 이르고 해서 송도 해변을 찾으니 옛 추억이 절로 생각난다.

처녀 시절, 백사장에 누워 새까맣게 피부를 태우던 일과 밀려오는 파도에 몸을 맡기고 파도타기를 하던 생각 다이빙대에서 물속으로 뛰어들던 일까지 기억이 새롭다.

나이가 든 지금은 그저 옛 추억의 상념이지만 그래도 눈으로 보고 생각하는 추억만으로도 너무 좋다.

밀려오는 파도와 짭조름한 바다 냄새까지도 향긋하게 느껴진다.

파도가 밀려와 바위를 때리면 하얀 물거품이 일어난다. 이럴 때 파도가 아플까? 바위가 아플까? 자신에게 가끔 물어본다. 그리곤 아니야! 가슴속의 밑바닥에 있는 내 마음이 더 아프단다.

짧은 부산의 추억여행은 이제 나에게는 생의 중독증세처럼 수시로 찾아오게 한다.

시간이 얼마간 지나면 나는 또 잊지 않고 찾아올 것이다.

당신을 추모한다

당시 부산에 살 때이다.

그는 법무사로 일하며 매사에 당당함과 기백이 넘치고 불의를 보면 어떤 경우에도 물러설 줄 모르는 사람이었다.

일하면서도 본인이 손해를 보는 일이 있더라도 남에게는 절대 손해를 입히지 않으려고 노력하는 언제나 믿을 수 있는 사람이었다. 그런 그가 어느 날 갑자기 한순간의 실수로 뇌를 다쳤다.

육신은 뻣뻣해지고 부동자세로 긴 세월을 누워서만 지내다가 나중에는 말문까지 닫아 아내에게 사랑한단 말 한마디 못하고 떠나간 사람이다.

설움과 한을 남기고 떠난 사람인데 그래도 당신이 이따금 그립다.

달님께 빌어본다

가을인데도 여름 더위가 떠날 줄을 모른다.

떠오르는 가을 태양처럼 밝은 미소를 지으며 어디론가 훌쩍 떠나고 싶다.

고통스럽던 과거의 기억들을 다 지워버리고 떠도는 구름처럼 정처 없이 흘러가고 싶다.

무조건 기차에 몸을 싣고 남쪽으로 달렸다.

기차는 앞으로 계속 달린다. 앞으로 달릴 때는 직진이라고 생각됐지만, 뒤를 돌아보면 지나온 길은 굽어진 길의 연속이었다.

기찻길의 착각이다. 인생도 마찬가지다.

내 인생길 뒤를 돌아보니 반듯하게 살아왔다고 생각되었지만, 착각이었다.

꾸불꾸불 인생길에 오리무중 안갯길이었다.

달님께 빌어본다. 복지관 지붕 위에는 밝은 달빛만 주시고 웃음 가득 채워 주시기를……

우리 딸

언제부터인가 딸아이는 엄마는 해만 지면 눈에서 광채가 난다고 했다.

그도 그럴 것이 오후 5시부터 다음날 새벽 6시까지 청계천 세운상가 옆에서 길가 포장마차를 해왔고 긴 세월 하다 보니 저녁 시간만 되면 심신이 긴장되고 눈에는 삶의 광채가 날 수밖에 없었다.

밤새 긴장과 싸워야 하니 박카스니 판피린이니 커피는 수시로 입에 달고 살아왔으니 말이다.

이런 생활로 아침만 되면 몸은 오징어처럼 흐느적거리고 눈자위는 내려앉고 게슴츠레한 눈으로 변하여 왔다.

비가 오나 바람이 부나 기나긴 35년의 포장마차 세월을 살아오며 겨울에는 몸이 꽁꽁 얼고 손발은 동상에 걸려 퉁퉁 붓고 여름에는 뜨거운 철판에 땀띠를 달고 사는 등 삶의 무게가 천근만근이었다.

어릴 적 딸아이는 엄마 곁을 떨어지지 않으려고 떼쓰고 울고불고 난리였다. 그럴 때마다 뿌리치고 나오고 아이를 교회에 맡기기도 하였다.

세월이 흘렀고 딸아이는 목사가 되었으며 엄마도 되었다. 어릴 때 엄마 장사 못 나가게 울고불고 말리던 아이가 엄마가 된 것이다. 지금은 '엄마 아프지 마세요! 힘든 일 그만 해요! 편하게 지내세요! 이제 쉬세요!' 하고 쉴새 없이 잔소리를 해댄다.

어려운 와중에도 잘 자라준 딸과 아들이 고맙고 기특하다.

그리고 그런 잔소리가 싫지도 않다. 그래 우리 고생했으니까 이제부터라도 건강 챙기면서 잘살아 보자꾸나!

붕장어가 먹고 싶다

일요일 아침 거실에서 걸어서 세계 속으로 여행을 한다. 지난주에는 스위스 이번 주에는 일본이다. 일본은 역마다 도시락을 파는데 그 종류가 무려 250가지나 된다고 한다. 수많은 도시락의 내용물들도 궁금하다.

특히 붕장어와 문어 도시락이 눈에 들어왔다.

붕장어를 좋아하는 나는 상상만 해도 군침이 돈다. 오래전부터 나는 1년에 한두 번씩 꼭 부산 기장 대변항을 찾는다.

붕장어 배가 들어오는 시간에는 장사꾼들과 식도락가들로 장사진을 이룬다.

꿈틀거리며 도망 다니는 붕장어를 숯불에 구워 먹는 맛이란 별미 중의 별미다.

톱밥같이 잘게 썬 회는 콩가루와 회 초장에 비벼 먹는 맛이란 세상의 진미를 다 품어 안은 기분이다.

더 늦기 전에 그 맛을 찾아 떠나야겠다.

죽느냐 사느냐! 1

남편의 갑작스러운 사고로 병원에 입원하고 사내아이는 15개월 여자아이는 4살인데 그야말로 앞이 캄캄하고 절망적이었다.

의료보험도 되어있지 않고 5일마다 치료비는 내야 하고 젊은 나는 할 수 있는 게 아무것도 없이 속수무책이었다.

어떻게 해야 하나! 살아야 하는데 병원비도 벌어야 하고 아이들도 키워야 하는데 가지고 있는 비상금도 다 떨어지고 차라리 아이들과 죽는 게 나을지도 모르겠다.

너무도 막막하여 아이들을 안고 무작정 걸었다. 발길 닿는 대로 걷고, 걷고 미친 듯이 걸었다.

한참을 걷다 보니 고가도로 위였다. 아이들은 울어대고 차는 빵빵거리고 사람들은 전혀 다니지 않는 3·1고가도로 위에서 차들은 내려가라고 하면서 욕을 해댄다.

"죽으려고 환장했나 빨리 내려가!"

소리치는 가운데 큰아이는 '엄마 무서워 엄마 말 잘 들을게!' 하면서 울어댄다.

그래! 엄마는 여기서 오늘 죽은 것이다.

목숨이 끊어질 때까지 열심히 살아보자!

너희 둘과 남편을 위해 독하게 살아보자 다짐하면서 고가도로를 내려왔다.

내려와 조금 걷다 보니 네온사인이 화려한 세운상가 앞이었다.

머뭇거리고 서성일 때 갑자기 어디서 나타났는지 아주머니들이 리어카를 끌고 서로 좋은 자리를 차지하려고 아우성을 치고 있었다.

아주머니들은 민첩하게 카바이트불을 밝히고 가지고 온 물건들을 진열하는 것이었다. 나는 순간 한참을 쳐다보며 그분들이 부러웠다.

나도 저렇게 할 수 있을까? 저런 장사라도 하며 아이들과 남편 뒷바라지를 할 수 있을 텐데 어떻게 해야 하나? 울면서 보채는 아이들을 끼고 한참을 쳐다보며 있는데 그때 마침 건장한 남자가 자전거에서 바나나 상자들을 내리며 아주머니들께 '오늘은 많이 팔아야 해요!' 하면서 장부를 꺼내 어제 물건값을 수금하는 것 같았다.

‘아! 바로 이것이다.’ 아이들을 잠시 옆에 두고 아저씨가 있는 쪽으로 무작정 달려갔다.

‘아저씨! 아저씨! 잠깐만요.’ 얼굴을 돌린 아저씨에게 다짜고짜 ‘저도 바나나 팔 수 있게 도와주세요!’ 사정하고 매달렸다. 그야말로 애절하게 부탁하고 또 부탁했다. 그러나 그 남자는 젊은 여자의 초콜릿색 투피스 옷차림을 살펴보더니 정신 나간 사람으로 취급했다.

그러나 막무가내로 나는 그분의 손잡이 자전거를 놓지 않고 살려달라고 했다.

아이들이 옆에서 울어대니 그분은 ‘아이들이 아주머니 아기들인가요?’ 하시면서 ‘사정이 그러하시다면 한번 믿어보죠.’ 하신다.

“내일 이 시간에 시간 지켜 나오세요!”

한 줄기 빛이 내 가슴을 파고드는 순간이었다.

아이들을 안고 펄쩍펄쩍 뛰었다.

감사합니다. 살아갈 수 있는 길을 열어주셔서……

죽느냐 사느냐! 2

아이 둘을 데리고 장사를 한다는 것이 쉽지 않았습니다. 생각다 못해 아이들을 방에 가두고 밥 한 통과 요강을 방에 두고 문을 걸어 잠갔습니다.

무거운 발걸음으로 생활전선에 뛰어들면서 초조하고 불안한 마음이 가득했습니다.

일은 손에 잘 잡히지 않고 마음은 집에 가 있는 생활이 계속되었습니다.

어느 날 어둠이 깊게 내리깔리고 불안한 마음에 뛰어갔더니 깜깜한 방 구석진 곳에 한 아이는 모로 누워있고 한 아이는 벽에 기댄 채 자고 있었습니다.

그래도 두 아이가 무사함에 가슴을 쓸어내리며 안도하였습니다.

큰아이가 눈을 뜨고 '엄마! 애기가 똥을 쌌는데 자꾸 돌아다녀서 옷이 똥으로 엉망이야!' 하고 울먹인다.

괜찮아! 엄마는 너희들만 무사하면 돼!

잘 견뎌줘서 고마워!

내가 겪은 6·25

이른 새벽 엄마가 급히 깨워 일어 나보니 집안이 뒤죽박죽이다.

아빠와 오빠들은 보이지 않고 엄마는 떡시루에서 떡을 대나무 광주리에 담으면서 빨리 가자고 재촉한다. 너는 '엄마 옆에 꼭 붙어있어야 해!' 하시면서 동생을 업고 내 손을 잡고 집을 나섰다.

밖에는 피난 가느라고 소란스럽다. 소구루마에 짐들을 싣고 그 위에 아이들도 옹기종기 달려있고 자전거로 짐을 싣는 등 그야말로 아수라장이고 인산인해다.

우리 가족들도 그 무리에 끼어 움직였다.

진주 강뚝 쯤에 도착했을 때 굉음 소리와 천지가 진동하는 폭발 소리가 나고 모두 둑밑에 몸을 숨기다가 엎어지기도 했다.

그런데 갑자기 엄마가 잔디를 바득바득 뜯으면서 소리치고 통곡을 한다.

멀리 엄마의 시선을 따라서 보니 우리 집 쪽에 불이 나고 있었다. 우리 집 오른쪽은 한국은행이고 왼

쪽은 주유소, 그 옆에는 버스 차고가 있었다. 주유소에서의 불길이 하늘을 삼킬 것 같았다.

뒤이어 땅이 꺼지는듯한 폭격 소리 불꽃 터지는 소리와 함께 진주 남강 다리가 무너져 내려앉았다.

다리를 건너야 외갓집을 갈 수 있는데 다리가 없으니 어떡하나! 강가 모래사장에 주저앉은 엄마는 탄식하며 '아빠와 오빠를 만나기로 했는데……이럴 수가!' 하신다.

이어서 강 건너 정미소에도 폭탄이 떨어져 불꽃이 하늘을 덮는다.

아빠 오빠를 빨리 봐야 하는 엄마의 마음은 점점 급해지고 아이들 엄마 부르는 소리 부모들 아이 찾는 소리가 뒤엉켜 강가는 난장판이 되었다. 강을 건너가야 한다.

엄마는 나를 잡아끌며 강물로 들어가고 있었다.

이때 장정 한 사람이 나를 지게에 물건을 싣고, 목말을 태워 물살을 타고 강을 건너기 시작했다.

엄마 등에 업힌 동생은 물을 많이 먹었는지 캑캑거리곤 했다.

이런 가운데 엄마는 배에 심한 통증까지 느껴 이를 바득바득 가는 소리가 들리기도 했다.

나중에 알고 보니 셋째 동생이 태어나려고 진통이 왔나 보다.

우리 가족은 걷다 서다가를 반복하면서 구사일생으로 외갓집에 도착했다.

그런데 외갓집에는 아무도 없었다.

아빠와 오빠는 보이지 않고 방문 앞은 나무를 가로질러 못을 박아 들어갈 수도 없고 무섭기도 하였다.

뒤로 가서 부엌으로 가 부엌방을 여니 다행히 열려 있었다. 엄마는 가마니를 깔고 젖은 옷을 벗어 물을 짜면서 신음을 내며 진통이 심해져 우리를 끌어안고 고통스러워하였다. 엄마의 일그러진 얼굴은 불안하면서도 무섭기도 하였다.

시간이 지나 나는 깜박 잠이 들었는데 동틀 무렵에 잠에서 깨어 눈을 뜨니 내 몸 전신이 피투성이가 되어있었다. 살포시 문을 열고 몰래 나와 집 앞 도랑에서 몸을 씻으려고 하는데 갑자기 어디서 나타났는지 청년들과 아저씨들이 바삐 도망가고 그 뒤를 인민군들이 총을 들고 고래고래 소리치며 쫓아간다.

그들 옆으로 스님 한 분이 지나가다가 인민군들이 '방금 도망간 이 간나이새끼들 어디로 갔나?'라고 물으니 스님은 반대 골목길 쪽을 가리키며 저쪽이요

하니 이 나쁜 땡중놈의 새끼 하면서 따발총으로 쏴버리고 간다.

나는 너무 무서워 구석에 고개를 처박고 움츠려 있었는데 피투성이인 나를 가리키며 '이 얼라는 죽은 거 아니매?' 하면서 지나간다.

인민군들은 집집이 소, 돼지, 닭, 등을 포승줄로 목을 묶어서 끌고 간다. 그런 와중에서도 나는 배가 너무 고파 집 앞쪽의 가지밭에서 가지를 몇 개 따서 엄마께 드렸다. 가지밭은 가지가 제법 많이 열렸고 주인은 피난 간 모양이다.

엄마는 말도 없이 돌아다닌다고 꾸지람을 주신다. 엄마는 생가지를 한 입 넣고 눈에 눈물이 가득하며 너도 먹으렴! 한다.

불을 때면 굴뚝에 연기가 나서 사람이 있는 줄 알고 인민군들이 쳐들어온다고 한다. 부엌 한구석의 항아리에 쌀이 약간 있어서 생쌀을 나보고 씹어먹으란다. 엄마도 쌀을 입에 넣고 계속 씹더니 동생 입에다가 넣어 준다.

어제저녁 깔고 잤던 가마니도 안보이고 엄마 배는 홀쭉 해졌고 영문을 모르겠다.

그렇게 가슴 졸이며 있는데 밤이 오고 문 앞에 인기척이 나서 엄마와 나는 우릴 잡으러 온

인민군인가 하고 꼼짝 못 하고 있는데 아빠가 왔다. 말도 필요 없이 엄마와 나는 부둥켜안고 한참을 울었다.

엄마가 '애들은 어디에 있어요?' 하고 묻는다. 인민군과 중공군이 합세해서 밀고 내려와 위험해서 오빠들은 뒷산 토굴에 있다고 했다.

'아! 살아있구나!' 어린 마음에도 기뻤다. 아빠는 엄마를 보시더니 '어떻게 된 거요?' 하고 묻는다. 엄마는 눈물을 그치지 못하고 부엌 쪽으로 가서 피 묻은 가마니를 들고 들어오면서 밭에 '묻어주이소.' 한다.

아빠가 얼른 가마니를 열어보니 아기가 숨을 쉬고 있는 것이 아닌가? 엄마도 놀라고 아빠도 놀라고 아빠는 목에 두르고 있는 수건으로 아기를 안아 엄마 젖을 물리게 하였다.

그리고 아빠는 잠시 나갔다 온다면서 나가셨다. 무섭고 불안했지만, 아기가 살아있다는 것이 기적만 같았다.

한밤중이 되어서야 아빠는 가방에 물건을 잔뜩 담

아 들어오셨다. 진주 중앙시장에서 건어물 장사하시는 사장님 집에서 미역과 마른 홍합 등 먹을거리를 가지고 강기슭을 따라 헤엄쳐서 왔단다.

저녁도 아침도 아닌 오밤중에 아빠는 미역국과 밥을 지어 집 떠난 지 3일 만에 배부르게 밥을 먹었다. 어린 나는 아빠가 이순신 장군보다 더 훌륭한 분이라고 생각했다.

아빠는 인민군과 중공군이 이곳 병선면 쪽으로 내려온다고 하니 우리도 이곳을 떠야겠다고 하신다. 엄마는 미동도 없이 '그래야지요!' 하고 준비를 한다. 아기는 보퉁이에 싸 어깨에 걸치고 나는 아빠가 맨 가방 위에 올라앉아 동이 틀 때까지 마냥 걸었다.

아빠는 계양의 고모 댁으로 간다고 한다. 고모 댁 가까운 들판을 지나는데 이리저리 죽은 사람들 코쟁이 검둥이도 보이고 미군 지프도 나뒹굴어 져 있다.

나는 어린 마음에 지프 옆에 있는 뿔숟가락을 몇 개를 주웠다. 자그마한 숟가락들이 신기했다. 엄마는 위험하니 그쪽으로 가지 말라고 소리친다. 드디어 고모 집에 도착하여 고모는 뛰어나오면서 '아이고 살아 계셨군요!' 하며 반긴다.

어제까지만 해도 미군과 중공군이 엄청나게 싸워

서 고모도 뒷산 토굴에 있다가 밤늦게 나왔단다. 얼마나 싸움이 치열했는지 동네 어귀가 엉망이다. 아빠는 우리를 고모에게 맡기고 오빠들이 무사한지 알아보려 또 나가셨다.

엄마는 피를 많이 흘리셔서 기력이 없이 누워계시고 정신이 없다. 아이를 낳고 밤낮없이 걸었으니 얼마나 힘드셨을까? 고모님이 밥상을 차려 엄마를 깨워도 미동도 없다. 거의 혼절이다.

이때 보자기에 쌓인 아기가 울어대니 엄마가 눈을 뜨고 정신을 차린다. 아기 울음소리는 저승까지도 들린다니 맞는 모양이다.

엄마는 옆에 동생을 깨워 밥을 먹이려다가 아이를 안고 또다시 혼절하였다. 아기는 이미 미동도 없고 죽어 있었다. 전쟁 중에 태어난 아기를 이렇게 잃었다.

나는 무섭기도 하여 엄마 아빠 오빠를 부르며 계속 울기만 하였다.

천기웅

소년의 꿈 외 6편

소년의 꿈

시골 초등학교 4학년 중퇴
서울 낮엔 인쇄소 밤엔 도서관
꿈많은 10대 소년 시절의 주경야독
반복되는 밤샘 작업에서도
통속의 영어책과 씨름했다네

비몽사몽 꾸벅꾸벅 졸다가
손가락이 기계 속으로 들어갔네
인쇄소를 떠나 한 평 크기 점원 생활
그리고 공무원 시험 도전
가난, 꿈, 아픈 추억들이여!

중·고 과정 검정고시로 마치고
방송통신대학 12년이나 다녔지요
오십 대 중반에야 대학원 졸업하고
공직으로 정년퇴직했으니
소년의 꿈 어느 정도는 이루었다오!

몽이

몽이는 20년을 함께 살다간 우리 집 강아지 이름이다.

성격이 까칠한 마르티즈 부류의 잡종 강아지다. 그 성격 때문에 평생 친구 하나 못 사귀고 떠난 불쌍한 강아지다. 산책길에 강아지만 보면 달려들고 물려고 하니 누가 좋아하겠는가? 아내의 사랑을 많이 받았지만 외로웠다.

내가 손주와 바둑을 두면 마치 훈수하듯이 바둑판과 손주 얼굴 내 얼굴을 번갈아 본다.

살아오는 긴 세월 가족이 되어 슬픔과 기쁨을 함께 한 몽이에게 감사한다.

같이 걷던 중랑천 산책길은 어린 시절이라 좋아서 아내 주변을 빵빵 돌고 덕소 강변에서는 나이가 들었지만 제법 먼 팔당까지도 자주 걸어 다녔다. 그리고 이곳 갈매동에서 3년 이상을 살다가 몽이는 떠나갔다.

거의 매일 갈매천과 산마루공원을 산책하면서 행

복하기만 했던 시절이었다.

20살 노견이 된 몽이는 눈이 잘 안 보여 교각에 부딪히고 넘어지고 결국은 휠체어 신세가 되고 말았었다. 이때쯤 아내의 병이 크게 재발 되기 시작했고 몽이와 산책도 돌봄도 힘들어했다.

아내가 힘들어하면서 몽이에 대한 사랑과 관심도 어쩔 수 없이 시들고 말았다. 몽이도 알고 있는 것 같았다. 더는 자기를 돌볼 수 없다는 것을…….

몽이는 아픈 엄마를 옆에 두고 어느 토요일 늦은 저녁 시간에 아픈 신음을 크게 내며 정자가 있는 산책길 의자에서 숨졌다.

그리고 3년의 긴 투병 생활 끝에 아내도 떠나갔다. 하늘에서 아내는 분명 몽이를 만났을 것이다.

그리고 나를 기다리고 있을 것이다.

지구를 살리자

지구가 너무 아프다.

계속되는 열대야.

온난화가 아닌 열대화 현상 신음소리가 도처에서 들린다.

사람도 죽고 가축도 죽고 바다 고기들도 방향을 잃었다. 빙하도 녹아내리고 생태계가 파괴된다.

정말 무섭고 공포스럽다.

인간의 욕망과 문명화가 초래한 재앙이다.

산림이 훼손되고 산과 들이 포장되고 공기는 오염되고 산불은 빈번하고 사막화는 가속화된다.

파괴의 연결고리를 차단하고 재앙의 오케스트라를 멈추게 하자. 국제기준의 원칙과 복원방안을 마련하자.

지구 살리기에 국경은 없다.

지구복원에 최우선 정책을 시행하자.

우리 모두가 앞장서자.

기억과 망각사이

기억이 희미해지면 망각의 시작이다.
망각의 끝은 치매의 시작인지도 모른다.
물건을 놓고 내리고 손에 들고 찾는다.
냉장고를 열고도 한참을 서 있는다.

엘리베이터를 타고도 마냥 그냥 서 있다.
정신이 허공을 헤매는 것이다.
사람 보고도 긴가민가하면서 기억 못 한다.
아찔한 순간들이 너무 많이 생긴다.

부엌에 불 켜놓고 딴짓하다가 잊어버린다.
그럴 때는 절대 두 가지 이상 일하지 말아야 한다.
마음이 허공이요 점차 가족들의 이름도 얼굴도 잊혀 가는 황혼의 노년은 어릴 적 유년 시절로 돌아가 결국은 탄생 이전으로 가는 과정인 것 같다.

베트남 전쟁 1

동보 15호 연대작전 우리 병력은 혼바산 정글 깊숙이 투입되어 작전을 수행 중이었다.

길 아닌 길 정글을 벌목도를 내리치며 걷고 또 걸었다.

말라버린 수통은 이미 오래되었고 목마름은 사지를 비틀어지게 하였다. 좀체 물이 보이지 않는다. 베트콩보다 더 무서운 것이 목마름이다.

첨병이 수통을 뚜드린다. 물을 발견했다는 신호다. 사지가 다 풀리도록 물을 마시고 수통에 물을 채웠다.

저녁 무렵 우리는 능선을 타고 올라가서 매복지점을 조성하고 부비트랩 설치 등 경계태세에 들어갔다. 그러나 우리의 매복지점은 적들에게 노출되었으며 새벽녘부터 그들의 공격이 시작되었다.

B-40과 박격포가 여기저기 떨어지고 상호교전이
계속되었다.

어둠 속에서 보이지 않는 적들과의 교전은 긴 시간을 이어갔다. 사격중지 명령과 실탄을 아끼라는 소리가 들렸다. 여기저기 비명이 들리고 적의 포가 나의 참호에 떨어지지 않기를 바랄 뿐이었다.

나의 유탄발사기도 총알은 이미 다 발사된 뒤였다.

새벽까지 교전 속에 철수 명령이 떨어졌다. 적들에게 노출되면서 철수는 쉽지 않았다.

능선을 내려오며 사방에 총을 난사하면서 철수를 시작했다.

앞의 박 상병은 파편에 찢긴 철모를 쓰고 있었다. 철모가 그를 살렸다.

헬기가 오는 철수 지점까지는 아직 멀기만하다.

베트남 전쟁 2

전선 없는 전쟁터 베트남 전쟁 포성은 지금도 들린다.
정글에서 박격포가 진지로 날아오고 부대에서는 장거리포로 응사한다.
첨병 소대가 정글 현장으로 출동한다.

빠꿈과 혼바의 정글전은 치열하고 적은 고지 위에서 유리하게 기습한다.
첨병 소대 선두 세 명이 순식간에 당했다.
철모를 관통한 지영길 병장의 철모에는 총알 금지 구역이라고 쓰여 있었다.

베트남 전쟁은 역사 속으로 흘러갔지만 수많은 사상자와 고엽제 환자 전쟁 트라우마 등
회복할 수 없는 상처와 고통을 남겼다.
나는 백해무익의 전쟁을 증오한다.
지금도 지구는 어리석은 전쟁을 계속 중이다.

경로당 발전방안 제안

경로당 회장을 오랜 기간 해오면서 보고 듣고 느낀 점을 건의하고 제안드립니다.

1. 경로당 이름 좀 예쁘게 만들어 주세요!

국민. 시민 공모라도 해 주세요. 경로당이나 노인정이란 말 별로 좋아하지 않습니다. 도시 단지별 아파트 경로당의 경우는 길고 긴 외국어 표기 뒤에 붙여서 부르기도 어렵고 외우기도 쉽지 않습니다. 지역특색을 살려도 좋고 자연이나 사랑 화목 배려와 같은 아름다운 이름으로 바꿔주세요.

참고로 우리 경로당 이름은 "늘봄 복지관"입니다.

회원들이 토론을 거쳐 자율로 정한 것이지요.

2. 경로당을 복지관 수준으로 대우해 주세요!

경로당은 복지시설입니다. 주간보호센터 역할도 하고 있고 때론 요양병원과 요양원 기능도 하고 있어요. 단지 의사와 간호사만 없지요. 점심과 간식비 등 어느 정도 현실적 지원만 된다면 홀로 사시는 노인들을 포함하여 많은 어르신이 경로당을 이용할 겁니다.

3. 경로당에 생활관리사라도 1·2명 배치해 주세요!

홀로 사시는 분 거동 불편하신 노약자 어르신이 많습니다. 병원이나 약국이나 집을 왕래하거나 할 때 도움이 필요합니다. 고정배치가 어려우면 일정 시간 순환배치라도 좋아요. 노인의 외로움을 덜고 행복감을 느낄 수 있는 작은 정책이 소중합니다.

4. 점심 식사 지원 좀 더 해 주세요!

지금의 운영비, 간식비 지원은 현실과 너무 멉니다.

많은 인원이 한 달간 식사한다는 것은 거의 기적이지요.

지역 말단 복지시설이지만 복지관 수준으로 대우가 필요합니다. 많은 경로당이 주 2~3회 정도 식사 제공하는 실정과 경로당 이용 인원을 검토하시고 물가 인상률을 반영하는 식단 개선안을 만들어 주세요!

5. 노인들이 좋아하는 프로그램은 꾸준히 해 주세요!

주간 단위로 반복해오던 노래 교실 운동 치매 건강 프로그램 등이 연말이라 중단되고 연초라고 중단되는 등 2~3개월씩 중단되는 것은 잘못된 관행 때문이라 봐요.

복지가 더 필요한 동절기인데 말이죠.

행·재정 시스템만 개선하면 공백과 중단을 막을 수 있다고 봅니다.

6. 경로당 종합발전방안을 마련하고 매년 보완시켜 주세요!

도시 농촌 간 다소 차이가 있다고 해도 초고령사회 진입입니다.

노인복지는 지역 단위로 작은 것부터 섬세하게 풀어가야 합니다. 그 작은 것의 출발은 경로당입니다.

산업화 시대에 우리들은 덜먹고 덜 입고 나라의 미래와 사랑하는 아이들을 위해 피땀을 흘렸습니다.

전쟁터에서 피를 흘리고 중동의 근로자로 독일 광부와 간호사로 일했습니다. 모두가 국가유공자들입니다.

그리고 이제는 늙어갑니다. 그러면서 오늘도 우리 노인들은 불평 없이 노인 일자리에 묵묵히 또 열심히 참여하고 있습니다.

노인이 행복한 나라가 빨리 오기를 기대합니다.

김정숙

보라카이 외 3편

보라카이

80 넘어 해외여행은 축복이다.

휴가철 공항은 인산인해 전 국민이 휴가 떠나는 것 같다.

보라카이에 도착하니 너무 덥구나

점심을 먹고 마사지 숍에 갔다.

더위도 사라지고 시원하고 행복해졌다.

그다음 날은 수영장에서 맥주를 마시고 맛있는 것을 사 먹으며 보냈다.

한국에서는 먹기 힘든 크래이 피쉬도 먹었다.

엄청나게 크고 비싸다고 하지만 내가 알 바 아니다. 식사 후 바닷가에 나가서 파도치는 해변과 노을 진 하늘 아름다운 풍경에 심취해서 시간을 보냈다. 그리고는 한국 음식이 생각나 해물 가득한 짬뽕도 먹었다. 가족과 함께한 두 번째 즐거운 여행!

친구들! 보라카이! 보라카이 잘 갔다 왔네!

담터 친구들

담터는 육사 뒤편 갈매동에 있는 지역 이름이다.

70년 지기 담터 친구들 9명이 신도시개발 속에 헤어졌다가 서로 연락이 닿아 어렵게 만났다.

'아! 어떻게 이런 일이 있어요?' 세상에 별일이!

나온 친구 9명이 다 짝꿍들이 하늘나라에 다 먼저 갔네!

곱디고운 친구들 얼굴들은 어디로 다 사라지고 망태 할멈이 되어 이젠 알아보기도 어렵네. 너무 늙었네. 너무 늙었어.

'너는 누구니? 나 정숙이야!'

나하고 기숙이 문순이 승자 제일 친했지.

'애들아! 이렇게 나와 만나주어서 고맙다.'

너무 어려운 시기에 태어나 고생만 하고 한세상 다 갔네.

할멈들아! 이제라도 만났으니 한 달에 한 번은 꼭 만나서 남은 인생 즐기면서 살자!

어머니 생각

아버지는 6·25 전쟁 와중에 돌아가셨다.
어린 삼 남매는 어머니가 고생 고생하면서 키울 수 밖에 없었고 어머니는 아이들 밥 안 굶기려고 온갖 일을 안 해 본 것이 없다.

어린 나는 철이 일찍 들어 무슨 일이든 어머니를 도와야 한다고 생각하고 어머니 따라 들로 산으로 먹을 것을 찾아다녔다.

산에서는 도토리를 잔뜩 따다가 절구에 빻아서 맷돌에 갈아 묵을 만들었다.
묵을 만들어서 어머니는 머리에 이고 멀리 장에 가서 팔곤 했다.
별내에서 담터역까지 걸어 그곳에서 기차를 타고 청량리까지 가서 묵을 팔았다.
어머니가 안 계셨으면 우린 지금 어떻게 되었을까?
아픈 기억 속에 오늘따라 어머니가 너무 그립다.

치매를 이겨내자

치매란 도대체 무슨 병인가?
암보다도 더 무섭다는 이 병

텔레비전에서
치매 걸린 사람들의 일상과 모습을
볼 때마다 눈물이 난다

나이 들면 누구나 걸릴 수 있다는
이병을 이겨 낼 수는 없는가?

분명한 것은 건강관리 잘하고 항상
웃고 생활하면
치매가 도망간단다
우리 복지관 식구들은
쓔런 열심히 하여 한 사람도 치매 걸리지 말자.

김종순

남편에게 보내는 편지 외 1편

남편에게 보내는 편지

때로는 당신이 너무 생각난다.
같이 살 때는 사랑도 주고
미움도 많이 준 당신

지금 생각하니 함께 잘살아 보겠다고
발버둥 치던 세월 아닌가.

젊은 시절은 가족들 먹고사는 문제로
동분서주 온갖 궂은일 안 한 것 없고.

나이 들어서는 돈 좀 모아보려고
청량리시장 바닥 구멍가게 40년 세월.

자리잡히고 살만하니 당신 떠나가네
여보 보고 싶구려
하루하루 열심히 살다가 당신께 갈게요!

인생 2막의 행복

나의 인생 1막의 무대는 청량리시장 바닥이다. 시골에서 무작정 상경하여 이곳저곳 서울 언저리를 잠시 헤매다가 정착한 곳이다.

아이들과 먹고살기 위해 무엇인들 못 하랴, 시장 안을 이리저리 누비며 김밥도 팔아보고 국밥도 팔고 젊은 30대 초반 나이에 부부는 발버둥을 쳤다.

노점에서 출발하여 점포를 얻기까지는 꽤 오랜 시간이 걸렸다. 돈 버는 재미에 부부는 새벽부터 밤늦게까지 시간 가는 줄도 몰랐다.

건강관리는 뒷전이었다.

아이들도 커가고 시장 장사도 잘되면서 나이도 먹어갔다, 부부는 어느새 60대에서 70대 노인이 되고 남편은 큰 병을 얻어 세상을 떠났다. 반평생을 시장 바닥에서 정신없이 살다가 이제 좀 살만하니 남편은 병이 들어 떠나간 것이다.

그 허무하고 허탈한 심정은 말할 수 없다.

남편이 없는 시장 생활은 불가능하여 나는 점포를 정리하고 이사를 했다.

나의 인생 1막은 남편과의 청량리시장 생활 반평생 그리고 이별이다.

이제부터는 나의 인생 2막 시작이다.

내가 이사 한 곳은 서울을 약간 벗어난 구리시 갈매동 신도시 아파트다. 아이들도 잘 자라서 가정도 꾸리고 고맙게도 엄마 있는 데서 멀지 않은 데서 매일 볼 수 있게 되었다.

새로운 땅 새로운 환경에서 나는 70대 이후의 인생 2막을 단지 내 복지관에서 찾게 되었다. 산책길에서 우연히 만난 언니의 안내로 복지관을 찾게 되었고 많은 복지관 식구들을 보게 되었다.

인생은 우연인가 필연인가 나는 잘 모른다.

이곳에서 노래 체조도 배우고 즐거운 생활에 빠지면서 시름도 잊고 노후 인생의 새길로 들어섰다.

일주일 내내 점심을 먹고 가끔은 텃밭도 일구고 정

원도 함께 가꾸며 서로 살아온 인생 이야기로 시간 가는 줄 모른다.

이곳에서 나는 우연히 복지관 식구들의 점심 식사 봉사활동도 하게 되어 잠시도 딴 생각할 여유도 없이 보낸다.

시장에서는 돈 벌기에 바빴지만, 여기에서는 웃고 즐기고 행복하기에 너무 바쁘다.

때로는 글도 쓰고 저녁에는 책방에서 공부도 하고 배고프면 간식도 해 먹고 과일의 날에는 과일 봄가을에는 소풍도 가고 한 달에 한 번은 외식도 하고 나는 이곳이 너무 좋다.

천국이 따로 있는가, 하루하루가 즐거우면 천국이지.

여보! 특히 당신의 묘소가 아주 가까이 있어서 너무 좋다.

인생 2막은 여기에서 이렇게 놀고 하루하루 열심히 살다가 인생 3막에 당신께 돌아갈게요.

김종애

단상

단상

언제부터인가 나 혼자만의 시간이 필요할 때가 있었다.
때론 멍하니 하늘을 쳐다보고 있노라면
구릉산 자락 구름들 떠도는 모습도 즐기고
바람의 의미를 느껴도 본다.

그런 날은 나 혼자만이라도 외롭지 않다.
비가 오거나 눈이 내리는 날에는 홀로 차 한잔 마시며 좋아하는 음악을 듣고 있으면 좋고
소녀의 감성으로 돌아가 추억을
한아름 안고 흐뭇해하기도 하다.
나는 지금 혼자가 좋다.

파란 하늘과 하얀 뭉게구름 저녁 하늘의
노을빛, 이 모두가 나를 즐겁게 해준다.
나는 오늘도 내 마음속의 근심 걱정
다 털어내고 잘살아 보자고 응원한다.

남기용

아름다운 나의 인생

아름다운 나의 인생

오늘따라 서쪽 하늘이 너무 아름답습니다.
황금빛 노을이 길게 드리우고 땅에는
울긋불긋 단풍들이 절정으로 달려갑니다.

또 하나의 가을을 맞이하면서 나도 단풍이
되어 한참을 서 있습니다.
벅차오르는 감동이 가슴으로 밀려옵니다.

평범하지만 아름다운 나의 인생길!
부모님 덕분에 이 세상에 건강하게 태어나
학교를 졸업하고 경찰 공무원으로 평생을
봉직하며 열심히 살아왔습니다.

아들은 R.O.T.C 출신 딸은 잘 자라
종갓집 며느리로 또 손주들도 나란히 둘씩
놓고 건강한 사회, 가정생활을 하고 있으니
저는 복을 타고난 사람이라고 하겠습니다.

인천광역시 부평에서 직장 생활을 오랫동안
해온 저는 서울 중랑 경찰서로 전근하고
퇴직할 때까지 근무하면서 중화동에 거주
하다가 이곳 갈매 신도시로 7년 전에
이사를 하게 되었습니다.

갈수록 매력 있는 동네라는 갈매동은
나지막한 산과 공원이 많고 산책하기

딱 좋은 인공하천도 있어 너무 좋습니다.
집 앞에는 언제나 기다리는 복지관 친구들이
있고 운동프로그램도 노래 교실도 있으니
이보다 더 좋을 수가 없지요.
행복한 일상의 연속입니다.
집에 들어가면 항상 밝고 건강한 아내가
나를 맞이하고 있으니 이 모든 것이
아내 덕분이라 믿습니다. 이제 단풍이 된
아내와 나는 손을 잡고 가을 인생길을
천천히 추억하며 걸어갑니다.

유순자

생쥐 소동

생쥐 소동

복지관 창고에 생쥐가 나타났다.

밤사이에 쌀과 보리 통을 뚫고 바닥도 난장판이다.

쥐를 잡아야 한다. 쥐잡기 소동이 일어났다.

그런데 쥐의 출구를 은근히 만들어 주는 사람이 있다. 회원이 아닌 회장이다.

그는 긴 세월 야생 고양이를 지역 원주민이라고 하면서 먹이를 주고 돌보며 방음벽에 부딪혀 죽는 새들을 구조하고 복지관에 들어오는 벌레들을 다 살려 내보내는 사람이다.

심지어 해충까지도 못 죽인다.

생명 존중의 표상인가? 자연존중인가? 기인인가?

그는 말한다.

자연의 순리로 모든 생명은 태어나서 살 수 있을 때까지 행복할 권리가 있다고! 생쥐는 한동안 생명을 건졌고 그 후 복지관에 보이지 않았다.

이근진

딸을 보내며

딸을 보내며

사랑하는 딸을 하늘나라로 떠나보냈습니다.
딸은 매사에 긍정적이고 명랑한 성격이었습니다.

항상 밝은 성격의 딸은 강아지를 안고
엘리베이터를 탈 때 옆 사람에게 인사도 잘했으며 강아지를 몹시도 사랑했었지요.

딸이 떠나는 날 저는 장례식에도 참석 못 했어요.
엄마도 생사의 기로에서 수술을 받았거든요.
엄마가 딸의 마지막도 지켜보지 못한 죄가 얼마나 큰지 모릅니다.

가슴 깊은 곳에서는 매일 피눈물이 흐릅니다.

이춘자

내가 사는 곳

내가 사는 곳

나는 서울에서
30년을 살았다.

아들 내외는 시골에서
같이 살자고 했다.

나는 시골에 가기 싫었다.
그래서 갈매동 둘째아들 내외와
살기로 했다.

바로 집 앞에는 늘봄복지관이 있어
잘 되었다 하고 그곳에 갔다.

나는 날마다 회원들과 어울려
즐겁게 시간을 보낸다.

이학춘

무상無常

무상無常

동구 밖 어귀 눈에 익은 풍광들, 늘 가슴속에 담아 온 어릴 적 친구들과 뛰어놀던 나의 고향, 낯익은 삼거리에 지팡이 움켜쥐고 외로이 앉아있는 노인 하나가 먼 산만 바라보고 있네그려.

가까이 다가서니 언제나 생각나는 사람 한때는 힘깨나 자랑하던 '영봉'이가 아닌가?

80년 세월 버티느라 얼굴은 쭈글쭈글하고 입 모양은 내려 앉아있네그려!

잘 있었나? 반갑다 친구야! 친구들은 잘 있고? 다들 갔네! 다 떠났어!

그러니 나 혼자지! 아이구야! 뭐가 그리 급해서 쯧쯧쯧……저기 푸른 지붕 붉은 지붕들은 뭐꼬? 여기저기 공장 생기고 많이도 변했군. 그려.

소 몰고 피리 불던 산길은 그래도 그대로네.

추억이 새록새록 살아나네 그려. 뒷동산 놀던 큰 바위는 어떤 모습일까? 이마가 빤질빤질 잘생겼다고 뽐내며 온 동네 개구쟁이들에게 등을 내주며 오르락 내리락 시시덕거리며 저녁때도 잊은 채 놀던 바위 아닌가?

푸르죽죽한 누더기를 입고 외로이 버티어온 긴 세월의 바위, 그래 미안타!

그래도 쏟아지는 달빛은 오늘도 언제나 당신 곁에 머물겠지! 그립던 추억들 가슴 깊숙이 담아가네.

잘 있게나. 모두들! 이것이 인생무상 아닌가?

안향숙

천사들의 슬픔

천사들의 슬픔

수유리의 작은 의원
내과와 소아과 진료로 하루가 분주한
제중의원이라 불리는 천사의 병원.

원장님도 간호사님들도 천사 같은 분들
그 속에서 삼십 년 긴 세월을 한결같이
식사를 책임지며 살아왔어요.

시간이 세월이 어떻게 지나갔는지도
모르겠어요.
그냥 바쁨과 기쁨과 감사로 살아온 날들
그런데 사랑하는 원장님을 하나님이 갑자기 데려갔어요.
모두가 황당하고 어이가 없어 했어요.
병원도 문을 닫고 천사들도 슬픔에 목놓아 울었어요.

박순덕

기쁨과 감사의 나날들

기쁨과 감사의 나날들

누구나 살아가면서 사연들이 많습니다.

저의 삶도 수많은 사연과 어려운 순간들이 있었지만, 항상 기쁨과 감사의 마음으로 극복해 왔습니다.

저의 가장 큰 기쁨은 전쟁 통에 잃어버려 생사조차 모르던 오빠와의 상봉이었지요.

죽은 줄 알았던 오빠를 만난 것은 기적이었습니다.

저의 두 번째 큰 기쁨은 어려운 여건 속에서도 네 자녀를 잘 키워서 대학까지 졸업시키고 결혼하여 건강한 사회인으로 만든 것이라 하겠지요. 막내가 아들인데 연달아 딸 셋 낳고 오 년 만에 아들을 낳을 때도 좋았지요.

저의 세 번째의 큰 기쁨은 손주 사랑입니다.

아들딸들이 사회생활을 잘해나가도록 이십 년 동안 손주 여섯을 돌보고 키웠지요.

손주 돌보기가 끝나는 무렵 '잘 돌봐주시고 키워주셔서 고맙습니다!'라는 손주의 인사를 들었을 때는 모든 힘든 생각들이 다 사라졌어요.

저의 평생은 자식과 손주들에게 책임과 의무를 다하려는 나날들이었지요.

미싱사 생활, 길거리 호떡 장사, 노래방 운영 등 안 해 본 것 없을 정도로 바쁜 생활이었지요.

남편도 중고차 폐차업을 하면서 열심히 일했어요. 항상 감사하죠.

이제 바람이 있다면 지금처럼 자식들이 손주들 잘 키우면서 건강하게 사회 활동 잘 해나가는 거죠. 저희 부부도 건강관리 잘하면서요.

박인수

경로당

경로당

갈매동으로 이사 온 지 7년이 넘었다.
망설임의 시간도 있었지만 회원자격이
되어 경로당에 등록하였다.
나로서는 주일 내내 점심을 먹는 것이
제일 좋았다.

원예에도 관심이 있다. 기회가 되면 같이
참여해야지 하고 마음을 먹었다. 단지 내
단독 주택 식 경로당 뒤쪽에는 예쁜 텃밭과
정원이 있고 죽은 나무 위로는 조롱박들이
많이도 열려있다.

텃밭과 작은 정원들 나무 위의 조롱박들이
그림처럼 잘 어울리는 이곳에서 나는 또
새로운 공동체 생활을 경험하게 된다.
오늘 노래 교실 시간에는 하숙생을 멋지게
불러 박수를 받았다. 왠지 기분이 좋다.

최준삼

살아온 세월

살아온 세월

조부모님 슬하에서 초등학교를 졸업했지요.

그리고는 무작정 상경하여 보이지 않는 길을 찾아 헤매다가 18살에 겁도 없이 해병대에 지원했어요.

22살에 제대를 하고 해병대 정신으로 막노동부터 돈만 많이 준다면 힘든 일 가리지 않고 불철주야로 일을 했지요. 그 덕분에 월세에서 전세를 얻고 사랑하는 아내를 만나 결혼도 하고 아들 형제를 키웠지요.

1970년대에 외국 바람이 불면서 5년이란 긴 세월을 외국에서 보내면서 돈을 벌었지요.

남편도 없는데 아이 둘을 키운 아내의 고생은 이루 말할 수 없었지요.

1990년대에 들어 강북구 수유동에 드디어 3층 집을 새로 지어서 정착하게 된 것은 내 인생의 가장 큰 보람과 기쁨이었지요.

이제 나이가 들어 황혼에 들어서니 계단 오르내리기도 힘들고 집 관리도 쉽지 않아 편안한 곳을 찾다보니 이곳 구리 갈매신도시로 이사를 하게 되었어요.

집 앞에 늘봄복지관 간판의 경로당이 있어 우리 부부는 이곳에서 점심도 해결하고 노래도 부르고 정답고 즐겁게 공동체 생활을 하고 있는데 세월이 너무 아쉽네요.

어느새 석양 80대 중반의 나이에 들어서니 세월이 너무 빠르네요. 정말 너무 빨라요.

하루하루 지는 해가 너무 아쉽군요.

서평

정향 이선자 시인

아픈 개인사를 공통으로 지닌 어르신들이 글쓰기 동행에 나섰다 『조롱박』을 쓴 작가들은 가족을 해체하는 가난과 전쟁을 겪은 시대다. 이 책은 그 시대 아버지와 어머니의 고단한 삶을 엿볼 수 있는 시와 산문이다. 세대 간의 공감대가 형성되지 않는 요즘 우리는 '꼰대', '라떼', 'MZ세대', '신세대'라는 단어로 선을 긋고 산다. 소통 단절이 된 이 시대에 이 책이 그 관점과 기준의 격차를 줄여 줄 수 있는 책이 되길 바라는 마음으로 마주한다.

글이 주는 아릿함과 아름다움, 울림과 감동을 느끼게 하는 것은 아무나 할 수 없는 일이다. 크리스토퍼 몰리는 "진정한 책을 만났을 때는 틀림이 없다. 그것은 사랑에 빠지는 것과도 같다."라고 말했다. 과연 진

정한 사랑에 빠질 수 있는 책이 무엇일까. 맞춤법이 정확한 문장, 잘 쓰여진 시와 산문일까. 많은 작품을 받아 보고 읽어보았을 때, 과연 이만큼 글이 주는 감동을 느낀 적이 있는지 책꽂이를 가만히 훑어 보았다. 그렇다. 진심이 담긴 글만이 큰 감동을 준다는 것을 새삼 말해 무엇 할까 싶다.

『조롱박』은 고급스러운 어휘도 없다. 미사여구도 없다. 묵직한 언어가 아름다운 노을빛에 산등성이를 편안하게 감싸고 있다. 조롱박 식구들의 글은 매우 쉬운 표현들로 어떤 조미료를 넣지 않아도 담백한 글이다. 문장 하나하나에 삶의 연륜이 담겨 있어 경험하지 못한 젊은 세대에게도 그 아픔이 고스란히 전해질 거란 생각이 든다. 조롱박 시와 산문은 오래도록 경험하지 않고는 나오지 못하는 삶의 연륜이 들어있다. 즉 '경험을 쌓은 사람이 갖춘 지혜'란 뜻의 '노마지지(老馬之智)'라는 고사성어가 생각난다.

또한 이 시와 산문은 지리멸렬하거나 위화감이 없이 술술 읽힌다. 여기서 글의 축이나 글의 전개가 이러니 저러냐는 아무 소용이 없다. 솔직하게 말해서

등단한 시인보다 '입말'을 '글말'로 써 내려가는 번역이 대단하다고 말하고 싶다. 글을 쓰는 일은 사람을 움직이게 하는 힘이 있다. 우리는 문장같이 굼뜬 수단을 사용해서, 많은 시간과 노력을 소비하면서 글을 쓴다. 특히 시는 독자의 마음을 움직이기 쉽지 않다. 독자가 행간을 알아내기 위해서는 그만한 시간이 필요하기 때문이다. 하지만 조롱박 시인들의 글은 쉬우면서도 솔직하다. 솔직한데 순수하고, 순수한데 감동이 있다.

성실하게 살아온 삶이 그 어떤 것보다 감동을 줄 수 있을까 생각한다. 출간된 책은 어르신들의 삶이 그대로 녹아 있어 어느 글보다 따뜻하고, 감동적이다. 투박하지만 진솔한 이야기를 담은 책이 여기서 그치는 게 아니고 더욱 많은 이야기를 전해주는 첫걸음이 되길 진심으로 바라며, 『조롱박』이 어려운 삶을 살아온 어르신들을 대변하는 선물이 되면 좋겠다. 또한 어르신들의 삶이 우리에게는 가르침이 되길 바란다.

Epilogue

우리는 이미 초고령사회로 진입하였습니다.

노인 인구의 급속한 증가 속에 돌봄이 필요한 노인 홀로 세대도 계속 늘어나고 있습니다.

OECD 국가 중에서 우리나라 노인들이 가장 가난하고 불행하다고 합니다. 손주를 돌보고 노인 일자리로 생활비도 벌어야 합니다.

노인복지가 현실을 따라가지 못하면서 생의 마지막 순간까지도 활동을 멈추지 않고 삶을 살아갑니다.

나이가 들면서 병원 출입도 일상화되고 거동이 불편한 분도 많아집니다.

지역 단위로 집과 가장 가까운 경로당은 누구나 찾기 편리한 복지시설인바 노인들이 공동체 생활을 통해 생을 돌아보고

웃고 즐기면서 취미생활과 건강관리도 하는 더 행복한 복지 공간으로 만들어져야 합니다.

편집을 마무리하면서